Inhaltsverzeichnis

Übersicht über verwendete Piktogramme

 Anmalen

 Einkreisen

 Nachspuren

 Schreiben

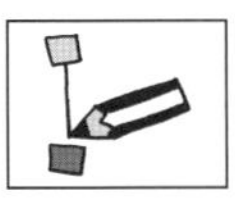 Verbinden

 Zeichnen

Allgemeine Hinweise

Die vorliegenden Kopiervorlagen sind Teil der Reihe „Sonderpädagogische Förderung in der Regelschule“. Mit dieser Reihe möchten wir Sie als Grundschullehrkraft bei der Förderung von Schülerinnen und Schülern mit sonderpädagogischem Förderbedarf im inklusiven Unterricht unterstützen. Die Materialien wurden speziell für den Einsatz in individuellen Übungsphasen entwickelt (z. B. im Rahmen der Wochenplanarbeit) und lassen sich ohne viel Vorbereitungsaufwand differenzierend einsetzen.

Der Aufbau der einzelnen Arbeitsblätter ist dabei besonders übersichtlich und klar. Durch sich wiederholende Aufgabenformate sowie durch den Einsatz unterstützender Piktogramme wird selbstständiges Üben auch für Schülerinnen und Schüler mit sonderpädagogischem Förderbedarf leicht möglich.

Im Rahmen der Reihe „Sonderpädagogische Förderung in der Regelschule“ werden Übungsmaterialien zu den grundlegenden Themen der Fächer Deutsch und Mathematik sowie für den Bereich Lernvoraussetzungen im Anfangsunterricht veröffentlicht.

Hinweise zum Material „Zahlen bis 10 erkennen, schreiben, zuordnen“

Schüler mit sonderpädagogischem Förderbedarf mit dem Schwerpunkt Lernen benötigen klar strukturierte und überschaubare Aufgaben, die keinen zu hohen Erwartungsdruck aufbauen. Durch die Erarbeitung in kleinen Schritten und durch Wiederholung von Übungstypen kann den Schülern Sicherheit vermittelt werden. Daher besitzen die Arbeitsblätter zu den Zahlen immer die gleiche Aufbaustruktur:

AB 1: Einführung: Die Zahl wird als Bild, dass Kindern im Alltag begegnet, dargestellt; Zahlenmandal; erstes Schreiben der Zahl

AB 2–4: Üben des Schreibens der Zahl sowie Unterscheidung der Zahl von anderen Zahlen

AB 5–6: Verknüpfung des Zahlbildes mit der Menge

Monika Konkow
Kirstin Jebautzke

Zahlen bis 10 erkennen, schreiben, zuordnen

Übungsmaterial für Schüler mit sonderpädagogischem Förderbedarf

ISBN 978-3-403-21024-5

Persen

Die Inhalte dieses Paketes stammen aus den Titeln „Das Zahlenbuch für die Förderschule" (3015) und „Ziffern schreiben lernen" (21003)

Gedruckt auf umweltbewusst gefertigtem, chlorfrei gebleichtem und alterungsbeständigem Papier.

1. Auflage 2013

Illustrationen: Julia Flasche, Fides Friedeberg
Satz: Satzpunkt Ursula Ewert GmbH, Bayreuth

ISBN 978-3-403-21024-5

www.persen.de

Name:

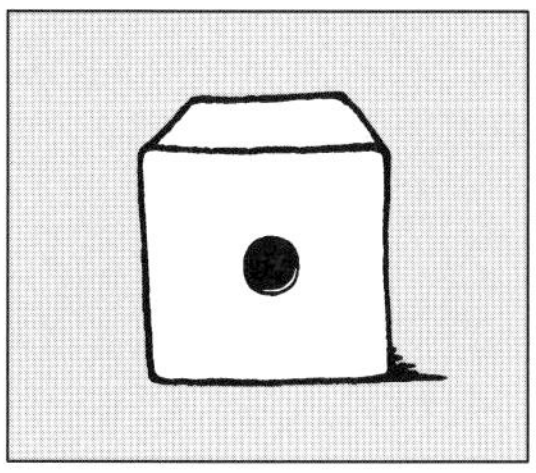

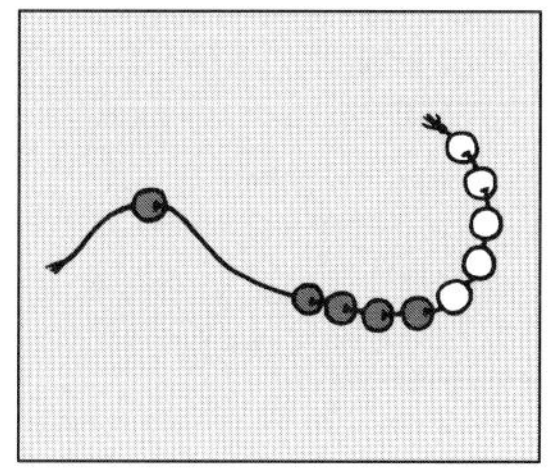

Male das Zahlenmandala an.

Schreibe in jedes Kästchen eine 1.

1	1	1			

Name:

Spure die 1 nach.

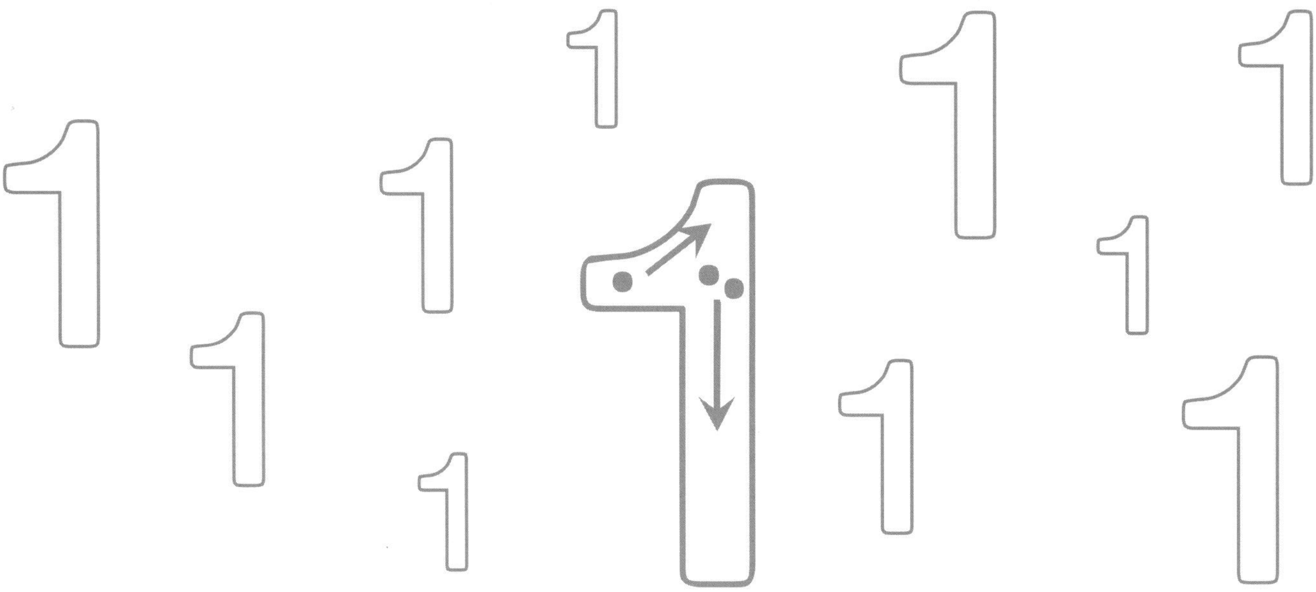

Schreibe in jedes Kästchen eine 1.

Schreibe auf die Linie die Zahl 1.

Monika Konkow/Kirstin Jebautzke: Zahlen bis 10 erkennen, schreiben, zuordnen

Name: ____________________

Finde die 1 und spure alle nach.

1 5 1 3 1

2 1 1 3 1

6 1 5 2

1 1 7 3

Male die Luftballons mit der Zahl 1 an.

Monika Konkow / Kirstin Jebautzke: Zahlen bis 10 erkennen, schreiben, zuordnen

Name:

Kreise die 1 ein.

2	1	4	5	6	8	9	1
6	3	1	5	2	1	3	7
4	1	6	9	8	7	1	3
2	6	7	1	9	3	2	1
7	6	1	4	1	5	9	8
1	8	6	5	7	3	1	9
4	1	3	6	9	1	4	7
7	3	6	9	1	2	1	8
3	4	5	1	9	1	3	7
5	9	7	6	1	5	6	1
1	4	8	1	6	9	1	3

Finde die 1 und spure sie nach.

Name:

Welcher Würfel hat 1 Punkt? Male ihn rot an.

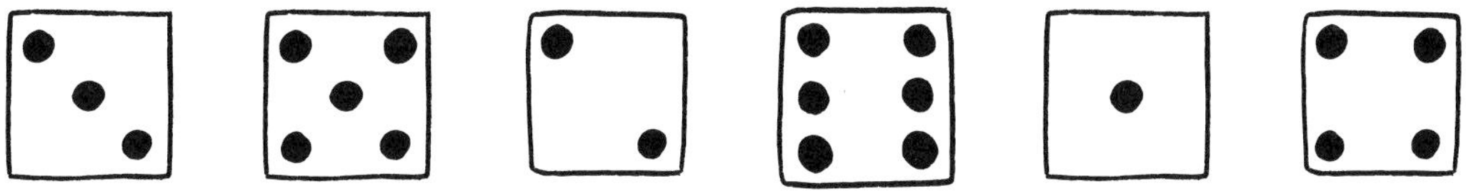

In welcher Eistüte ist nur 1 Kugel Eis? Male an.

Verbinde mit der 1, wenn nur 1 Stück da ist.

Name:

Welche Katze hat nur 1 Streifen? Male sie an.

Was gibt es nur einmal? Kreise ein.

Name:

 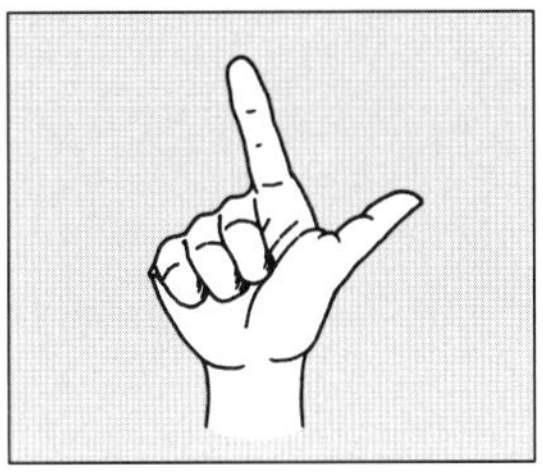  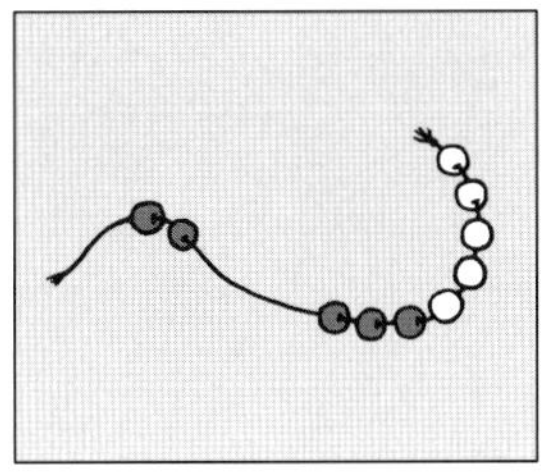

Male das Zahlenmandala an.

Schreibe in jedes Kästchen eine 2.

2	2	2			

Name:

Spure die 2 nach.

Schreibe in jedes Kästchen eine 2.

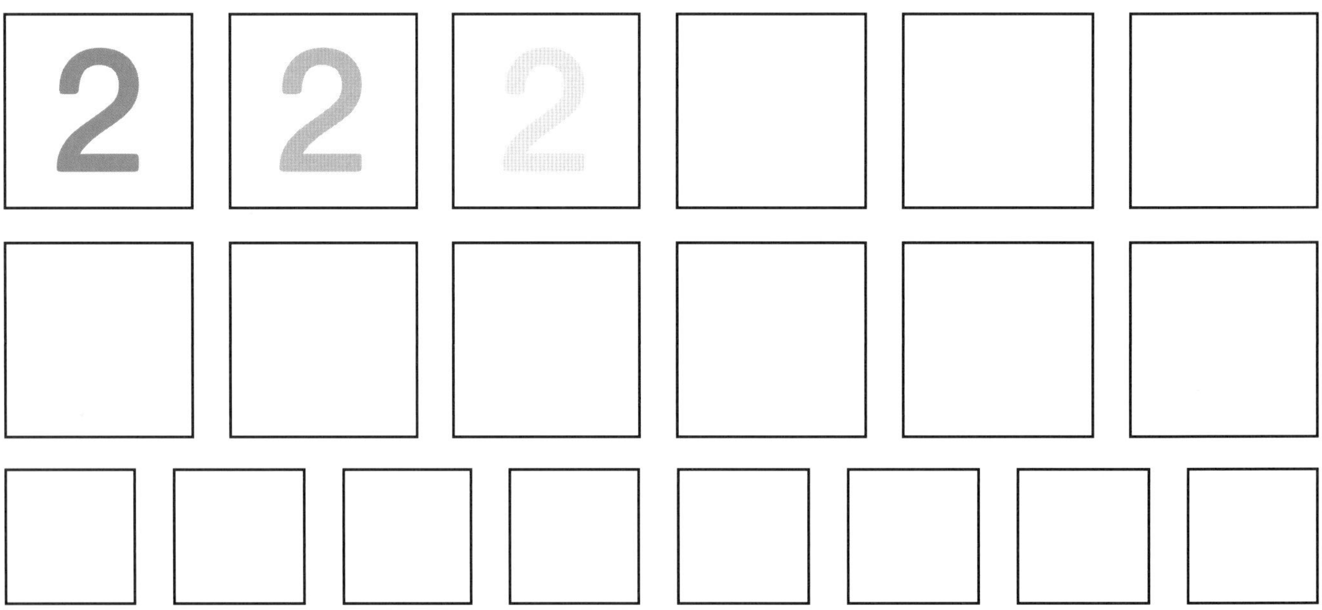

Schreibe auf die Linie die Zahl 2.

Name:

Finde die 2 und spure alle nach.

2 5 1 3 1

2 2 2 3 1

6 2 5 2

1 2 1 3

Male den Bären mit der 2 auf dem T- Shirt an.

Name:

Finde die 2 und spure alle nach.

Male die Felder mit der 2 an.

Schreibe die 2.

2

2

Name:

Welcher Würfel hat 2 Punkte? Male ihn rot an.

Kreise immer 2 Elefanten ein.

Verbinde mit der 2, wenn 2 Stück da sind.

Name:

Kreise immer 2 ein.

2

2

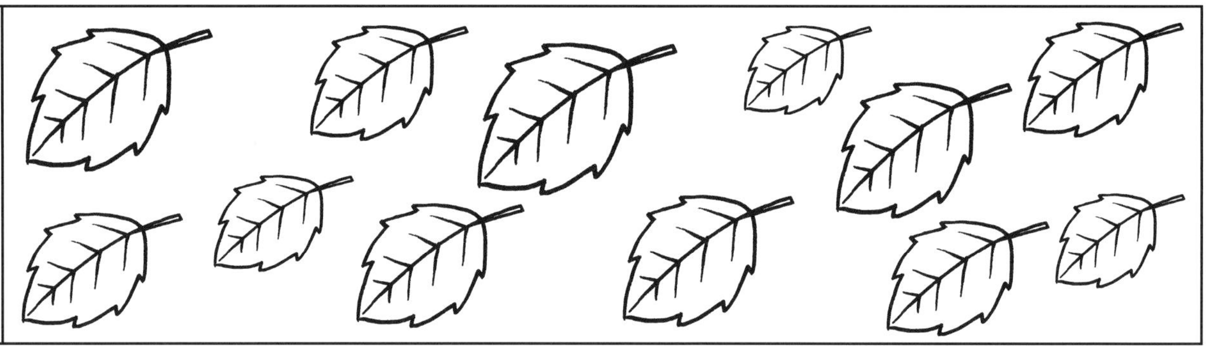

In welchem Nest liegen 2 Eier? Kreise ein.

Schreibe in das Kästchen.

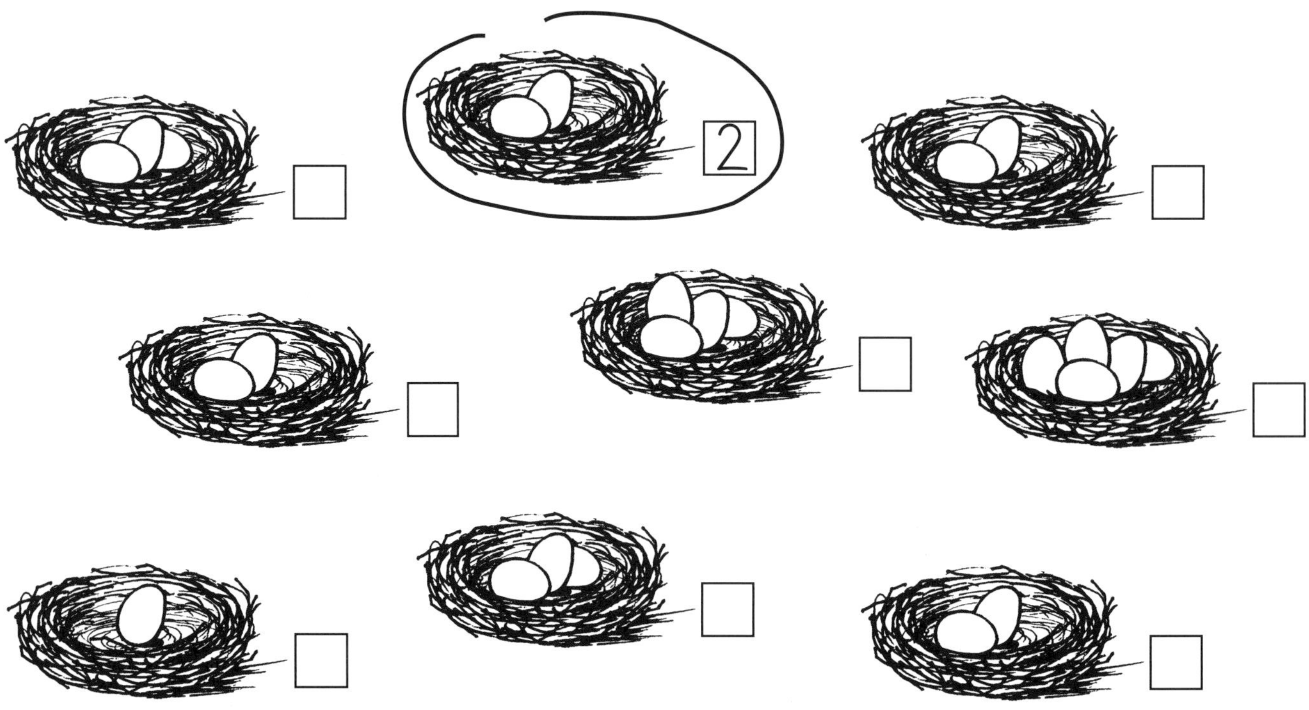

Name:

   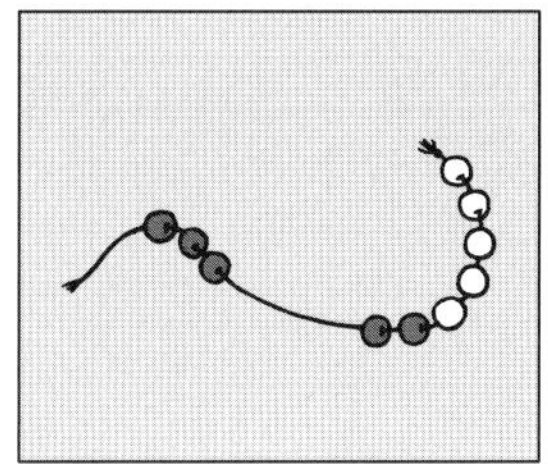

Male das Zahlenmandala an.

Schreibe in jedes Kästchen eine 3.

3	3	3			

Name:

Spure die 3 nach.

Schreibe in jedes Kästchen eine 3.

3 3 3

Schreibe auf die Linie die Zahl 3.

Name: ______________________________

Finde die 3 und spure alle nach.

3 5 1 3 1

3 3 2 3 1

3 8 3 2

1 3 1 2

Male die Luftballons mit der Zahl 3 an.

Name:

Finde die 3 und spure alle nach.

Kreise die 3 ein.

Schreibe die 3.

3

3

Name:

Welcher Würfel hat 3 Punkte? Male ihn grün an.

Der Fisch hat Zahlen verschluckt. Spure sie nach.

Verbinde mit der 3, wenn 3 Stück da sind.

Name:

Kreise immer 3 ein.

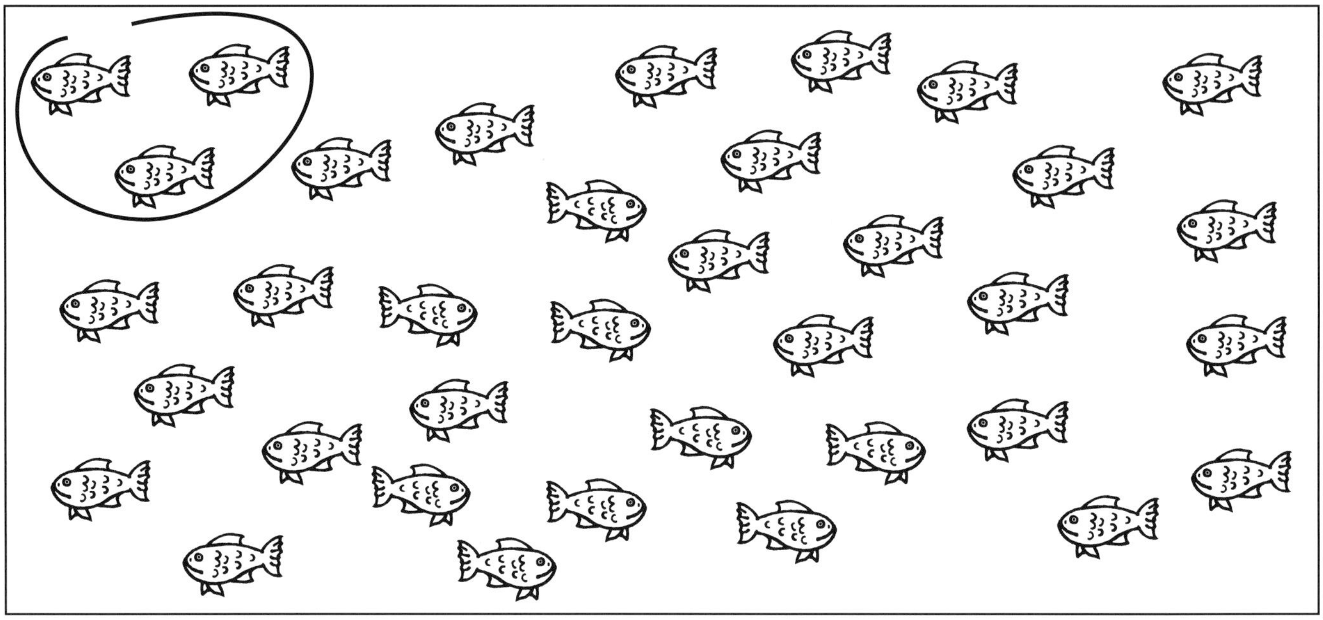

Male das Bild an, auf dem 3 Fische sind.

Wo findest du 3? Kreise ein.

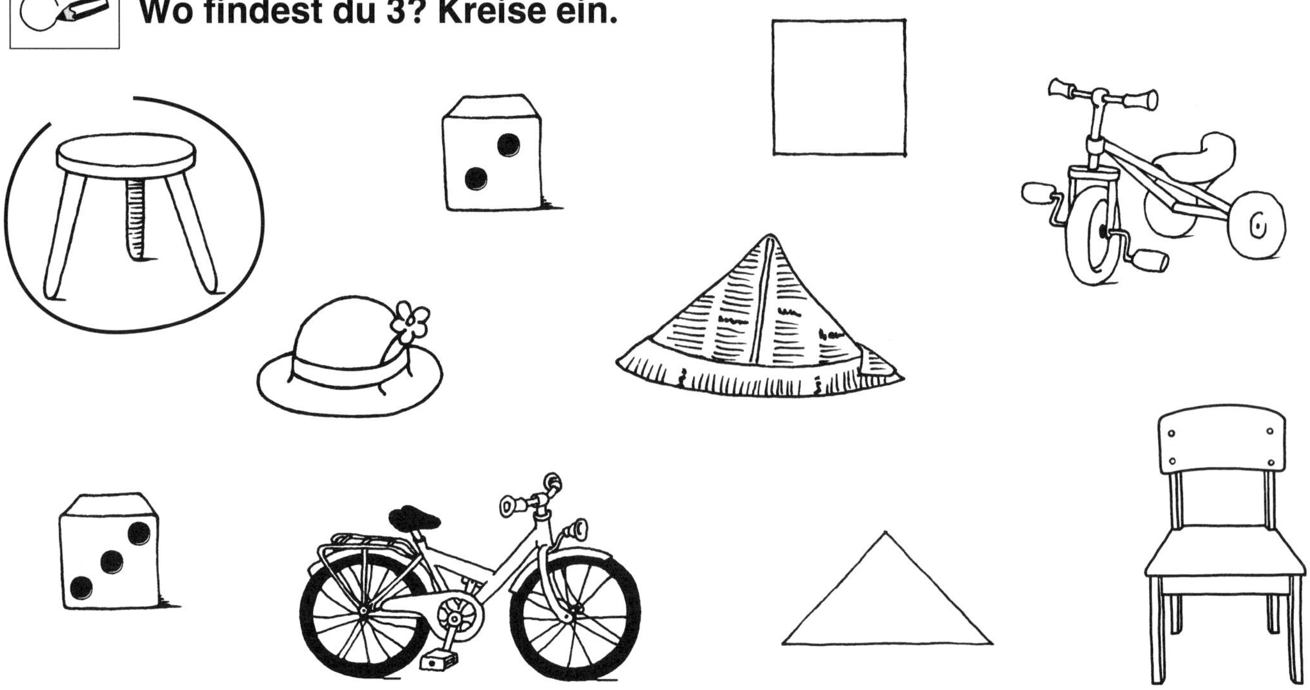

Name:

 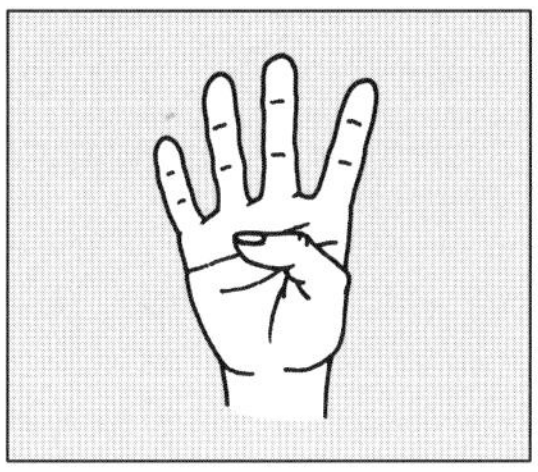  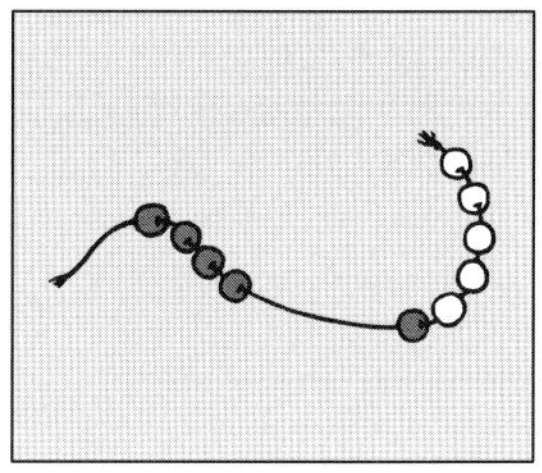

Male das Zahlenmandala an.

Schreibe in jedes Kästchen eine 4.

4	4	4			

Name:

Spure die 4 nach.

Schreibe in jedes Kästchen eine 4.

4 4 4

Schreibe auf die Linie die Zahl 4.

Monika Konkow / Kirstin Jebautzke: Zahlen bis 10 erkennen, schreiben, zuordnen

Name: ______________________________

Finde die 4 und spure alle nach.

4 5 4 1 4

3 4 2 4 1

4 8 4 2

1 4 1 2

Welche Katze hat 4 Streifen? Male sie an.

Name:

Finde die 4 und spure alle nach.

Kreise die 4 ein.

2	4	1	5	4	8	9	1
6	3	4	5	2	4	3	7
4	1	6	9	1	7	4	3
2	6	7	4	9	3	2	1
7	6	4	1	4	5	9	8
1	4	1	5	7	3	4	9
4	1	4	6	9	4	1	7
7	3	6	1	4	2	4	8
3	1	5	4	9	4	3	7
5	1	7	6	4	5	6	4
1	4	8	1	6	9	4	3

Schreibe die 4.

4								

4											

Name:

Welcher Würfel hat 4 Punkte? Male ihn rot an.

Kreise immer 4 Bälle ein.

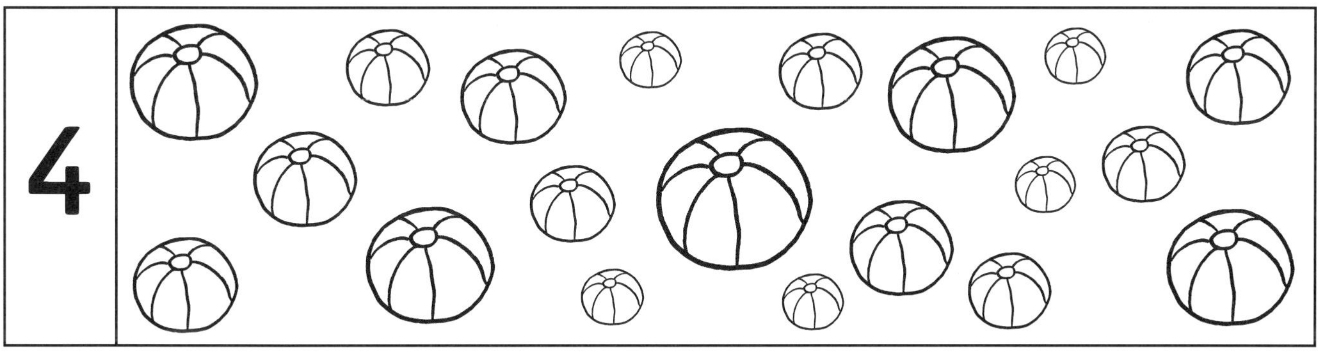

Verbinde mit der 4, wenn 4 Stück da sind.

Name:

Wie viele Frösche sind im Teich?

Schreibe die richtige Zahl in das Kästchen.

Male die Frösche an.

Wer hat 4 Beine? Kreise ein.

Schreibe in das Kästchen.

Monika Konkow/Kirstin Jebautzke: Zahlen bis 10 erkennen, schreiben, zuordnen

Name:

 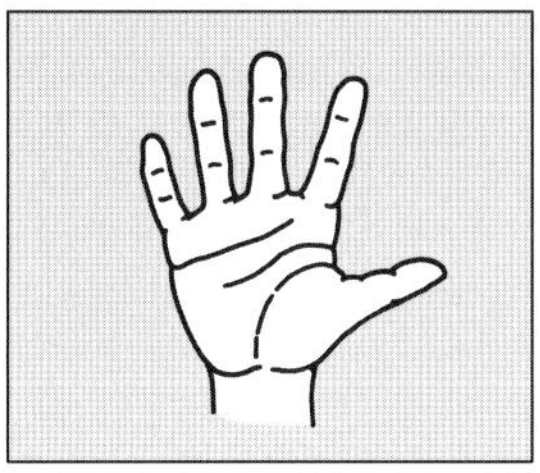  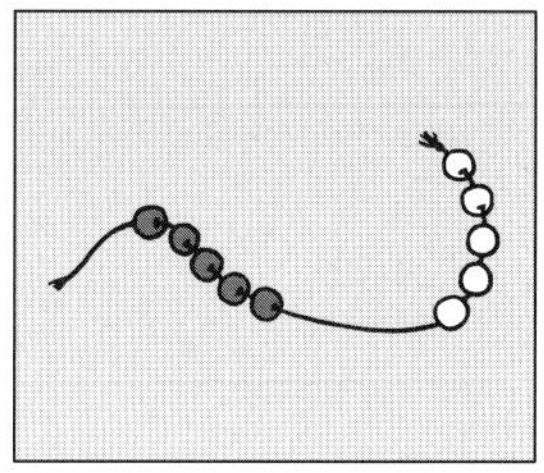

Male das Zahlenmandala an.

Schreibe in jedes Kästchen eine 5.

5	5	5			

Name:

Spure die 5 nach.

Schreibe in jedes Kästchen eine 5.

5	5	5			

Schreibe auf die Linie die Zahl 5.

Name:

Finde die 5 und spure alle nach.

5 3 5 1 5

4 5 2 5 1

5 8 5 2

1 5 2 9

Wie viele Kirschen sind auf der Torte?

Schreibe die richtige Zahl in das Kästchen.

Male das Bild an.

Name:

Finde die 5 und spure alle nach.

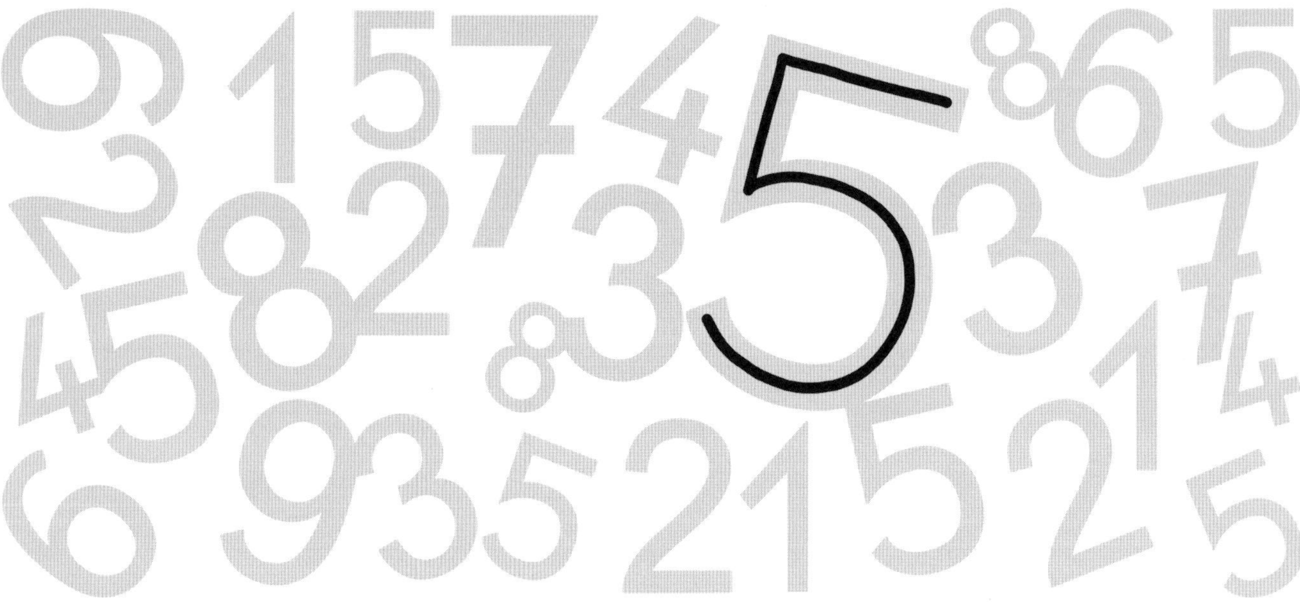

Male die Felder mit der 5 an.

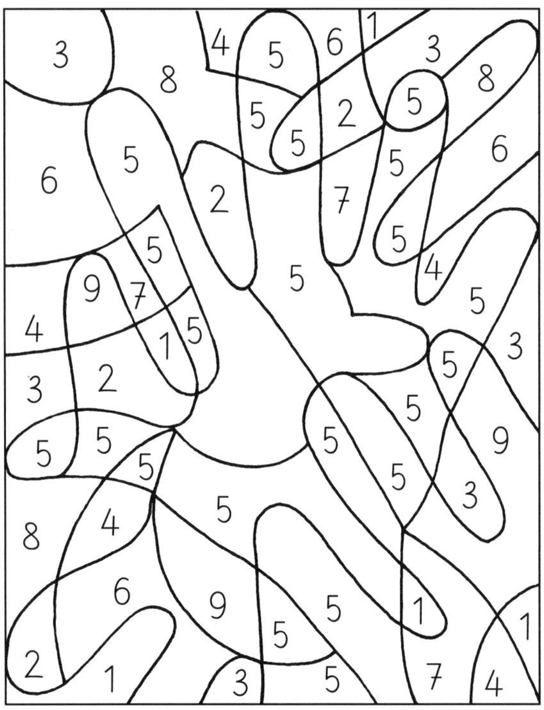

Schreibe die 5.

5	5																
5																	

Name: ______________________________

Welcher Würfel hat 5 Punkte? Male ihn rot an.

Wie viele Schiffe siehst du?

Schreibe die richtige Zahl in das Kästchen.

Male die Schiffe an.

Verbinde mit der 5, wenn 5 Stück da sind.

Name:

Kreise immer 5 ein.

5

5

Male alle Pilze mit 5 Punkten rot und alle Pilze mit 4 Punkten gelb an.

Monika Konkow / Kirstin Jebautzke: Zahlen bis 10 erkennen, schreiben, zuordnen

Name:

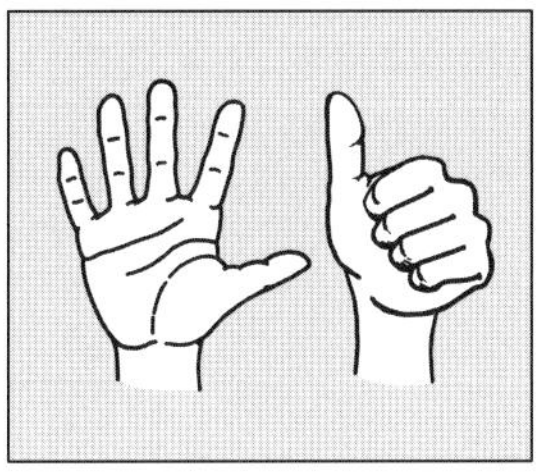

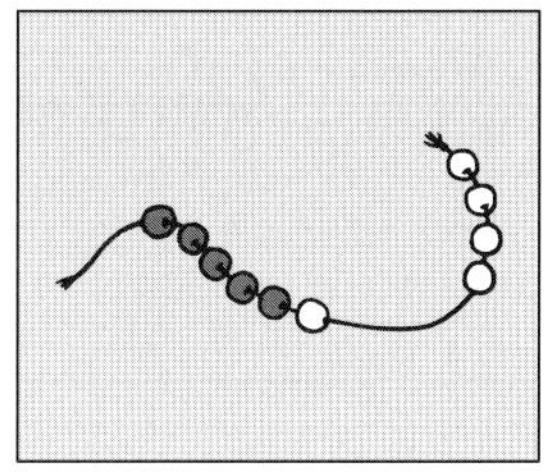

Male das Zahlenmandala an.

Schreibe in jedes Kästchen eine 6.

6	6	6			

Name:

Spure die 6 nach.

Schreibe in jedes Kästchen eine 6.

6 6 6

Schreibe auf die Linie die Zahl 6.

Name:

Finde die 6 und spure alle nach.

6 4 6 1 6

6 2 6 7 6

9 6 8 6 6

Schreibe die 6 in jedes Kästchen. Achte auf die Größe der Kästchen.

Name:

Finde die 6 und spure alle nach.

Kreise die 6 ein.

Schreibe die 6.

6								

6											

Name:

Welcher Würfel hat 6 Punkte? Male ihn rot an.

Kreise immer 6 Bienen ein.

Verbinde mit der 6, wenn 6 Stück da sind.

Name:

Male 6 Sterne rot, 6 blau und 6 grün aus.

Male an jeden Baum 6 Birnen.

Immer 6.
Male dazu.

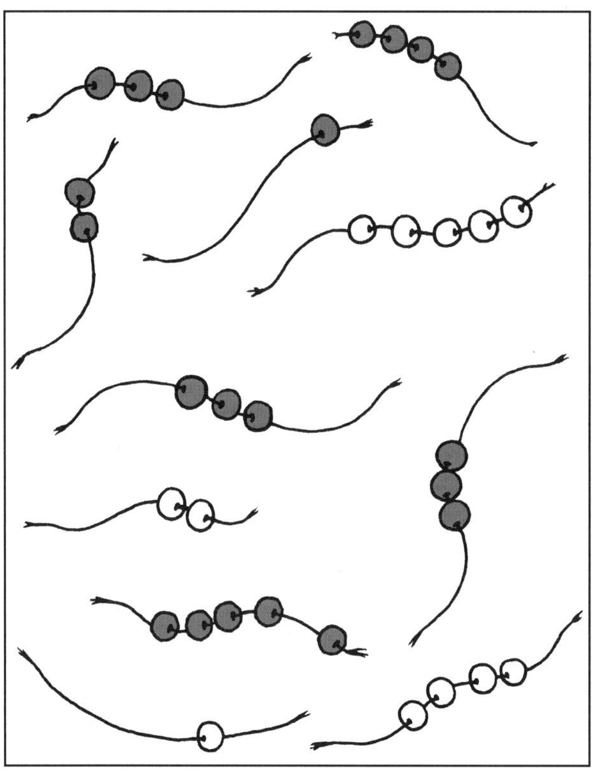

Name:

 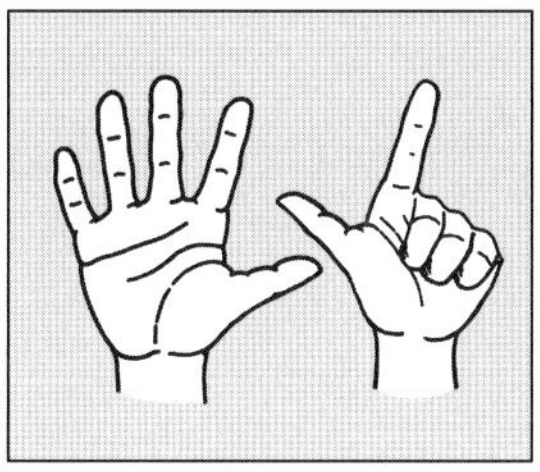  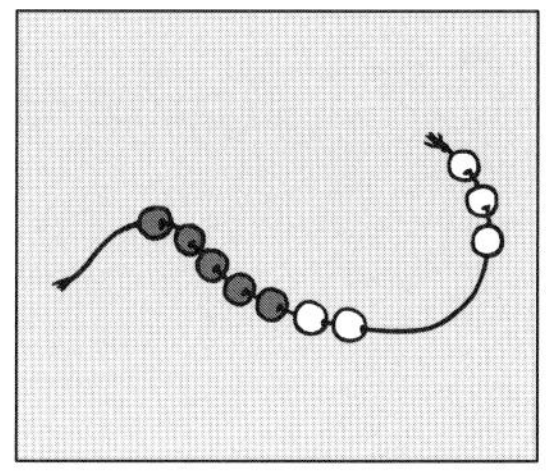

Male das Zahlenmandala an.

Schreibe in jedes Kästchen eine 7.

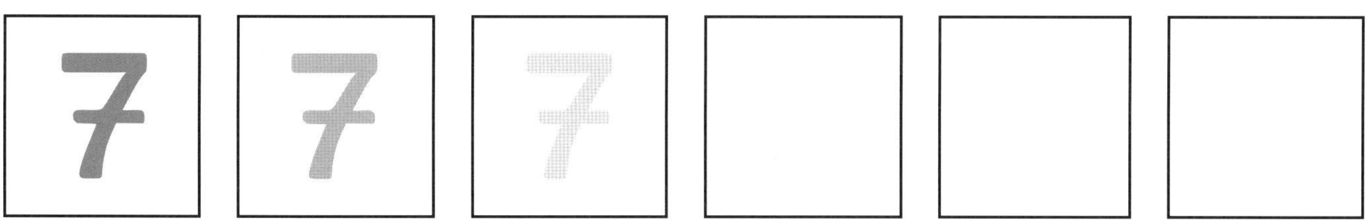

Name:

Spure die 7 nach.

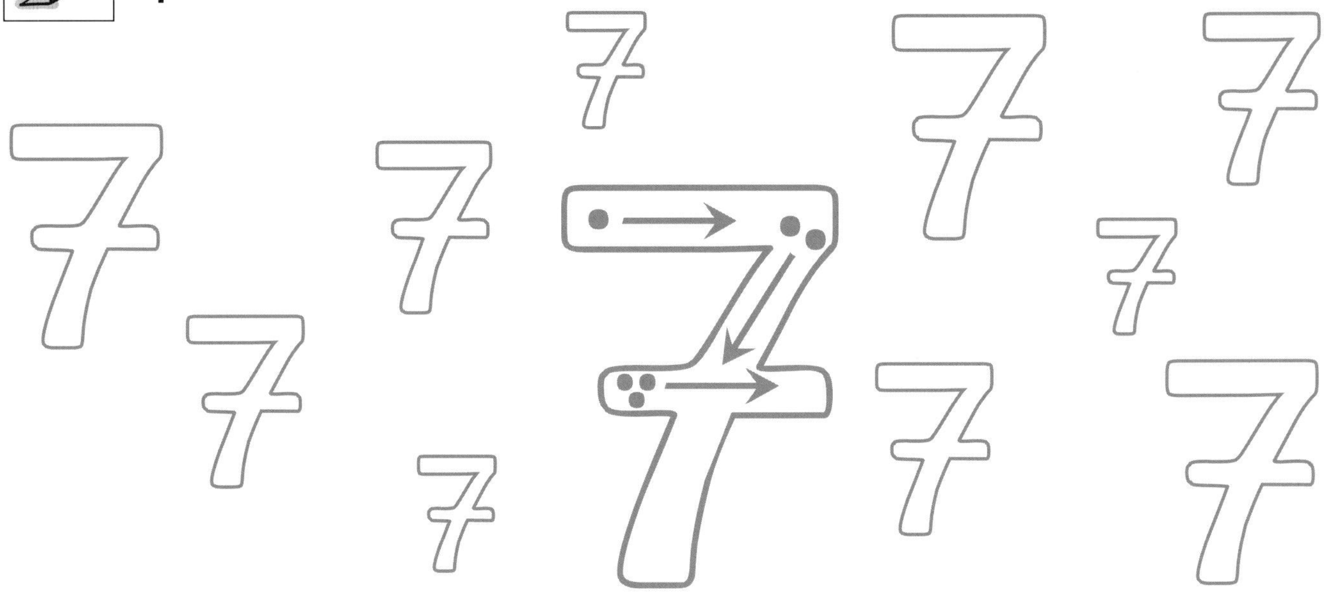

Schreibe in jedes Kästchen eine 7.

Schreibe auf die Linie die Zahl 7.

Name:

Finde die 7 und spure alle nach.

7 4 7 1 7

6 2 7 7 6

7 6 8 7 7

Kreise die 7 ein.

2	4	1	5	7	8	9	1
6	3	4	7	2	7	3	7
4	1	6	9	1	7	4	3
2	6	7	4	9	3	2	1
7	6	4	7	4	5	9	8
1	7	1	5	7	3	7	9
4	1	4	7	9	4	1	7
7	3	6	1	4	2	4	8
3	1	5	7	9	4	3	7
5	1	7	6	7	5	6	4
1	7	8	1	6	9	7	3

Name:

Finde die 7 und spure alle nach.

Male die Felder mit der 7 an.

Schreibe die 7.

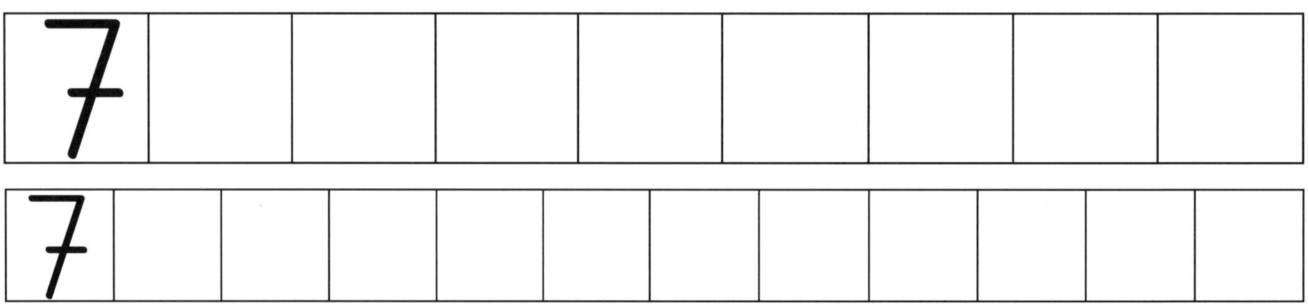

Name:

Kreise immer 7 Pilze ein.

7	

Male 7 Zwerge an.

Verbinde mit der 7, wenn 7 Stück da sind.

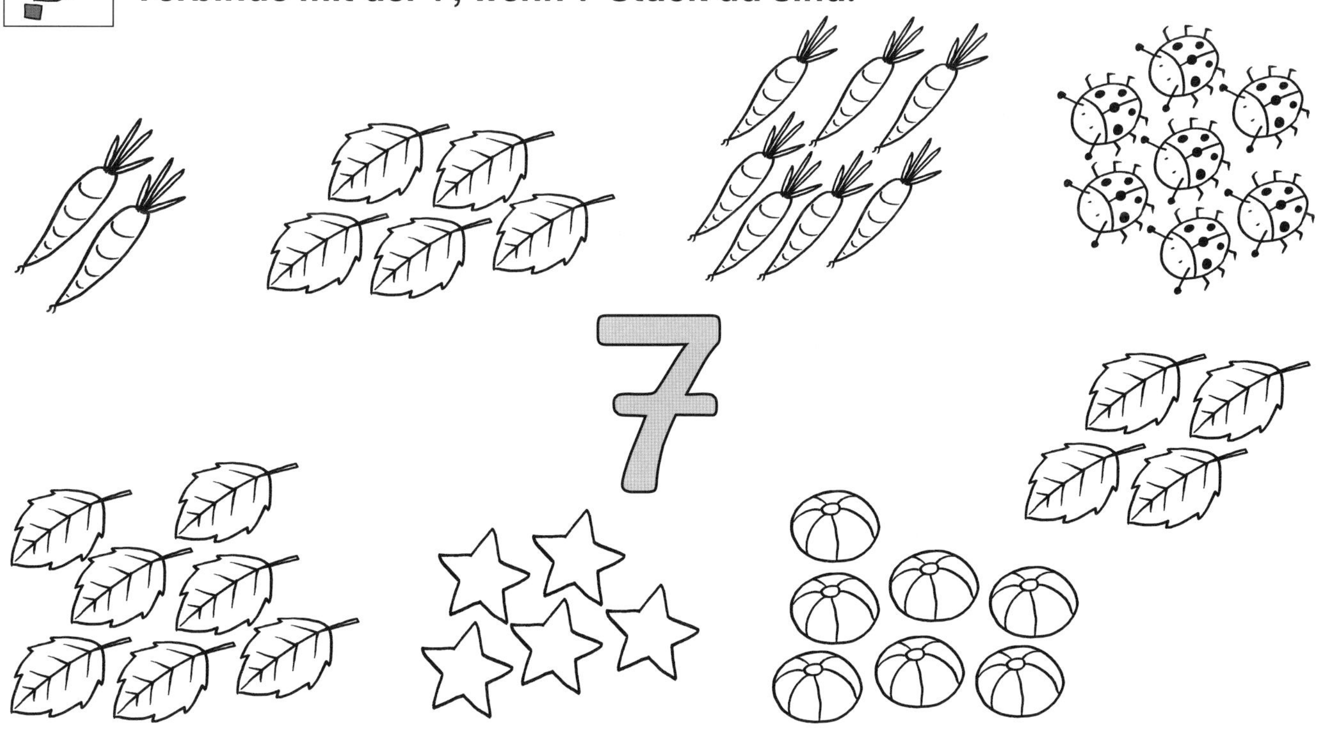

Name:

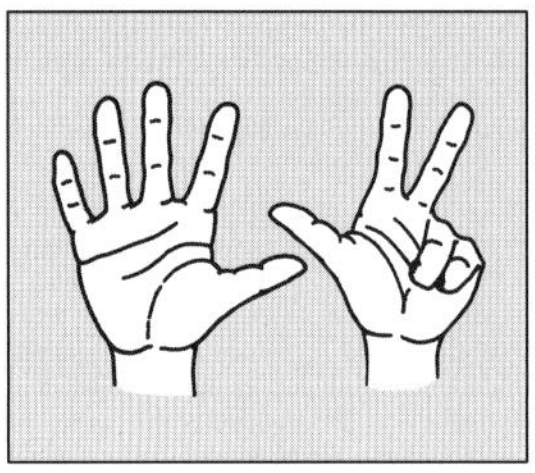

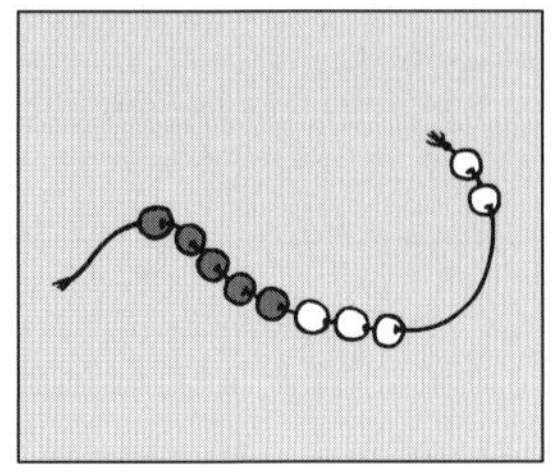

Male das Zahlenmandala an.

Schreibe in jedes Kästchen eine 8.

8	8	8			

Monika Konkow/Kirstin Jebautzke: Zahlen bis 10 erkennen, schreiben, zuordnen

Name:

Spure die 8 nach.

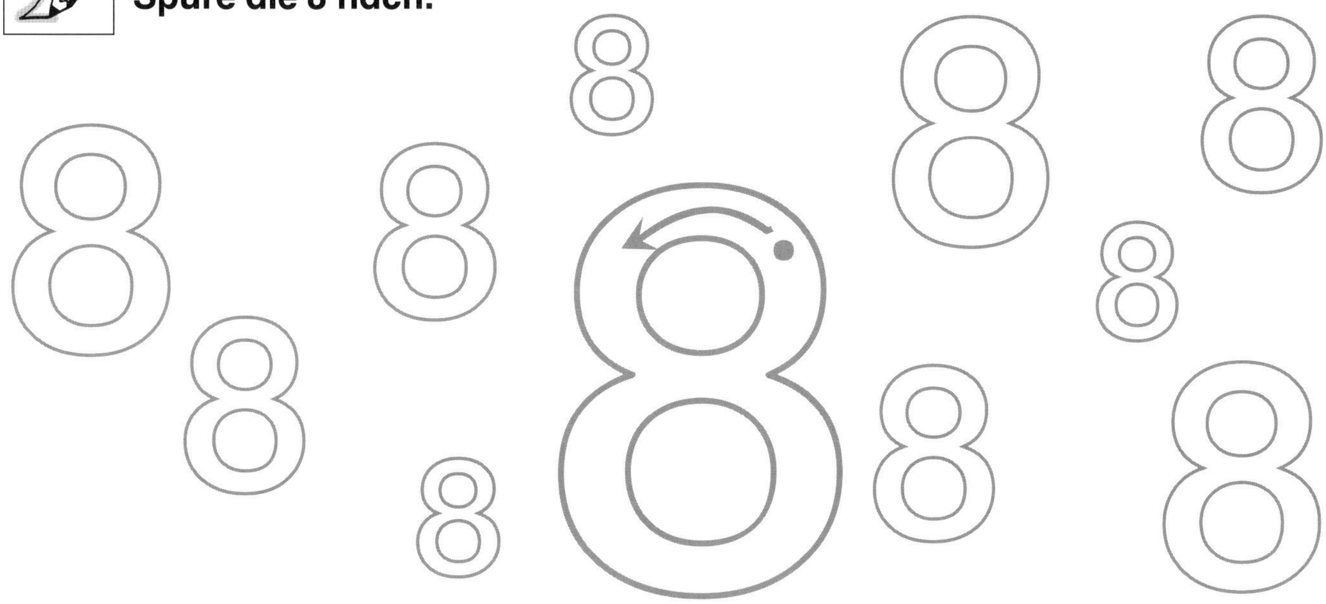

Schreibe in jedes Kästchen eine 8.

8 8 8

Schreibe auf die Linie die Zahl 8.

Name:

Finde die 8 und spure alle nach.

8 3 8 1 8

6 8 5 8 7

7 8 8 2

3 8 2 9

Rennstrecke frei! Spure nach.

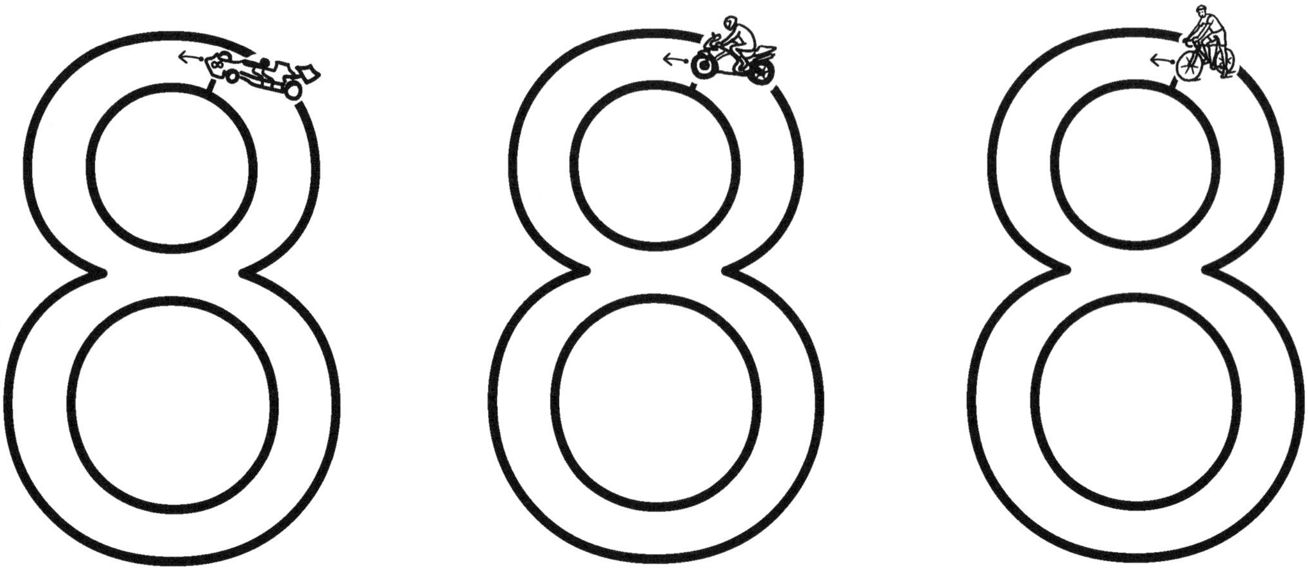

Name:

Finde die 8 und spure alle nach.

Wo kommt das Auto an? Kreise die 8 ein.

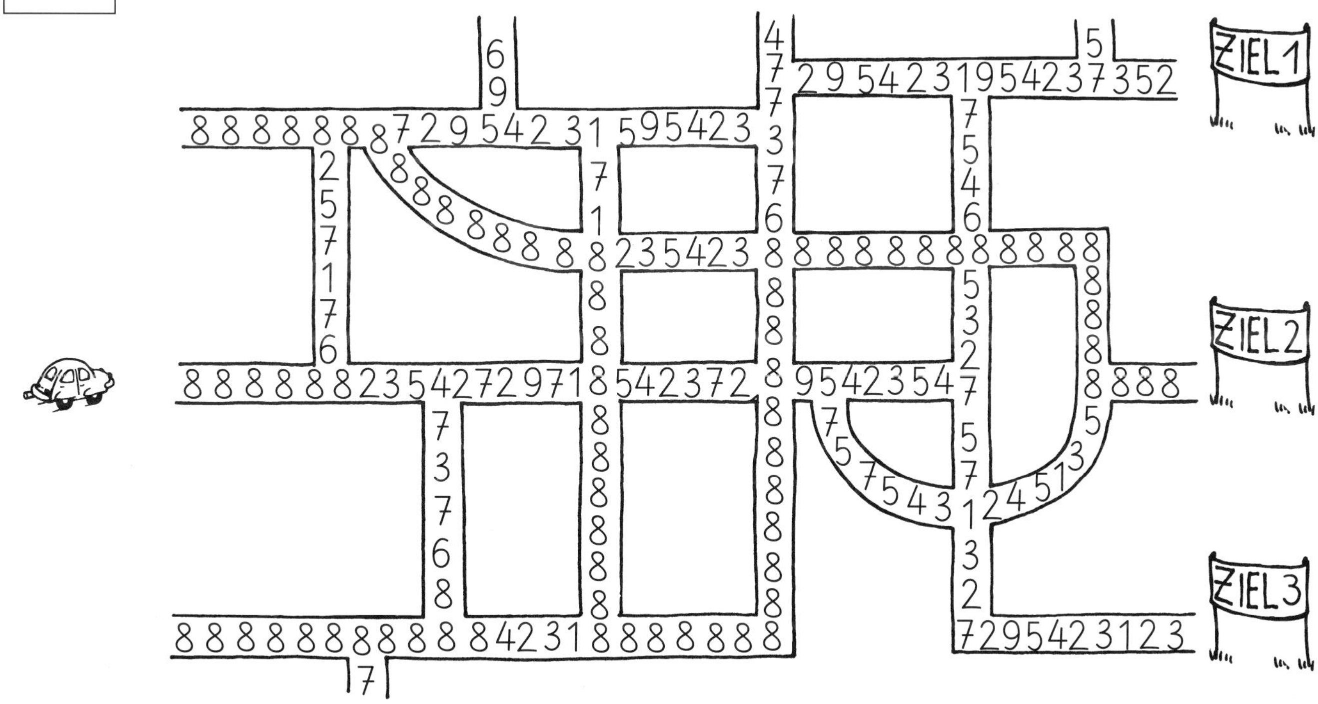

Schreibe die 8.

Name:

Kreise immer 8 Käfer Pilze ein.

8

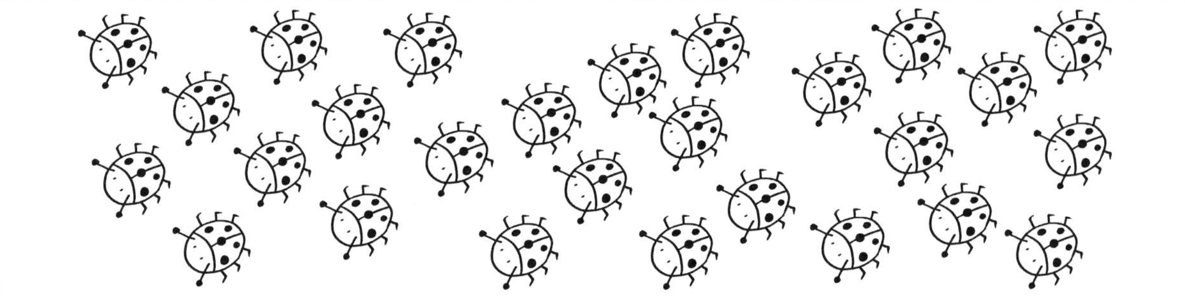

Verbinde mit der 8, wenn 8 Stück da sind.

Wie viele Schlangen siehst du?

Schreibe die richtige Zahl in das Kästchen.

Male das Bild an.

Name:

 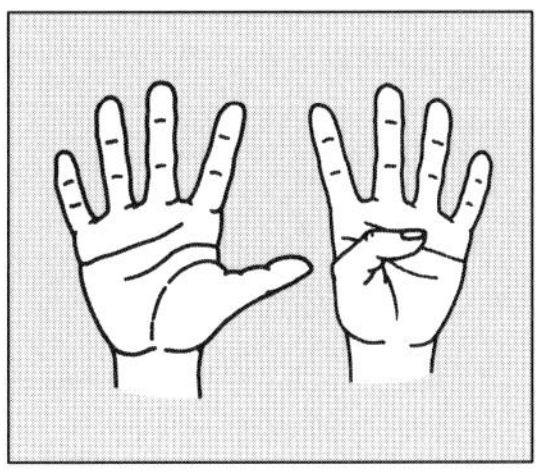  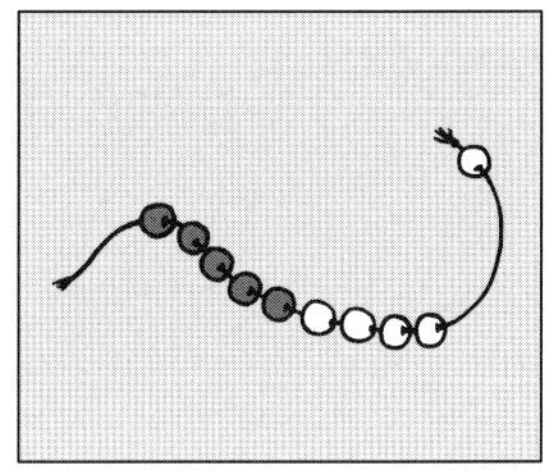

Male das Zahlenmandala an.

Schreibe in jedes Kästchen eine 9.

9	9	9			

Name:

Spure die 9 nach.

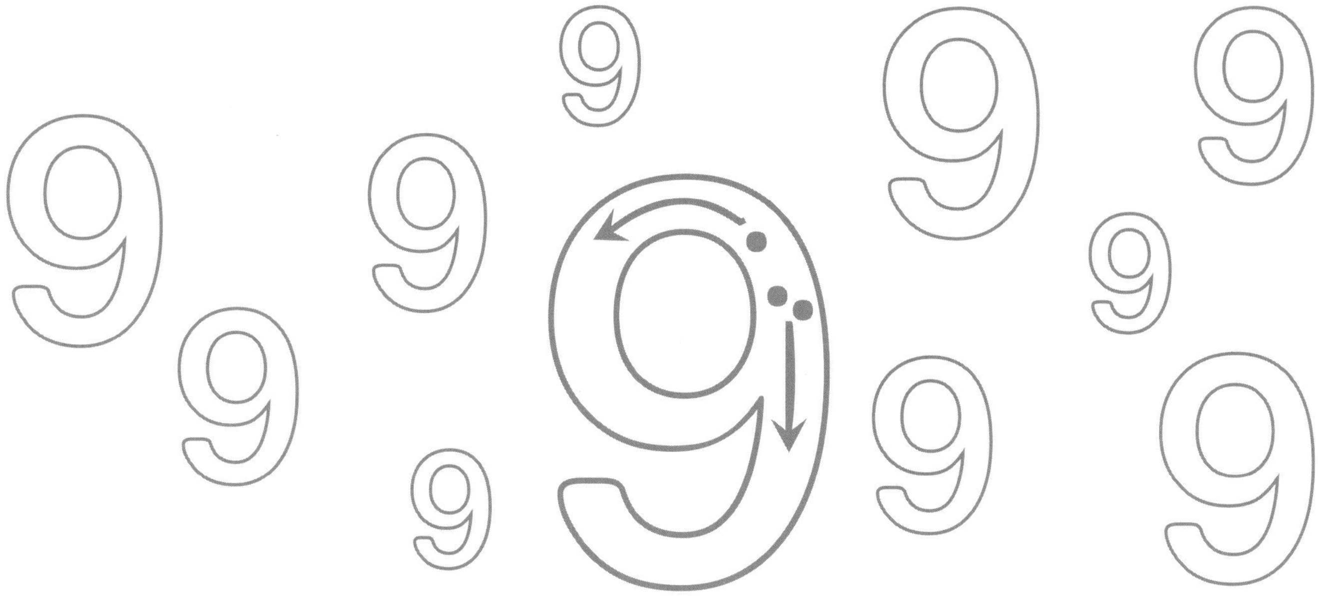

Schreibe in jedes Kästchen eine 9.

9 9 9

Schreibe auf die Linie die Zahl 9.

Monika Konkow/Kirstin Jebautzke: Zahlen bis 10 erkennen, schreiben, zuordnen

Name:

Finde die 9 und spure alle nach.

9 4 7 1 9

6 9 1 2 7

9 3 5 8 9

Finde die 9 und kreise sie ein.

Name:

Finde die 9 und spure alle nach.

Immer 9.
Male dazu.

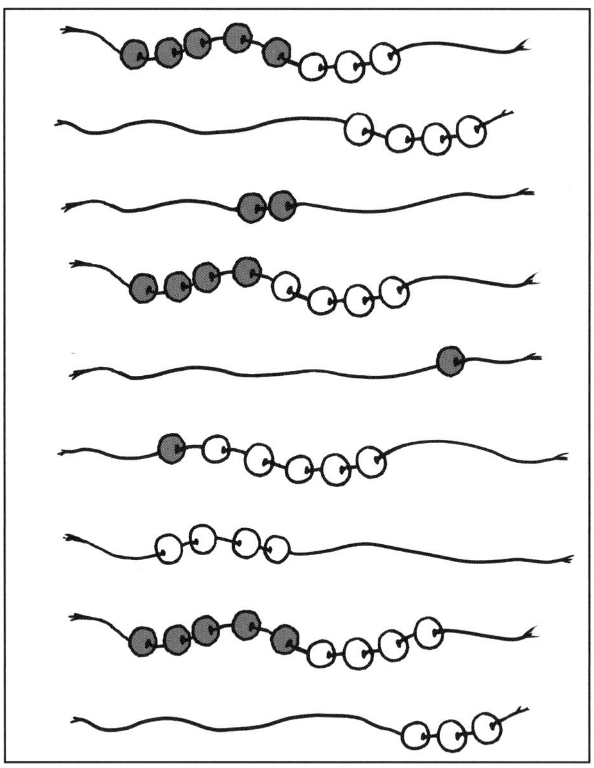

Schreibe die 9.

9								

9											

Name:

Kreise immer 9 Pinsel ein.

9

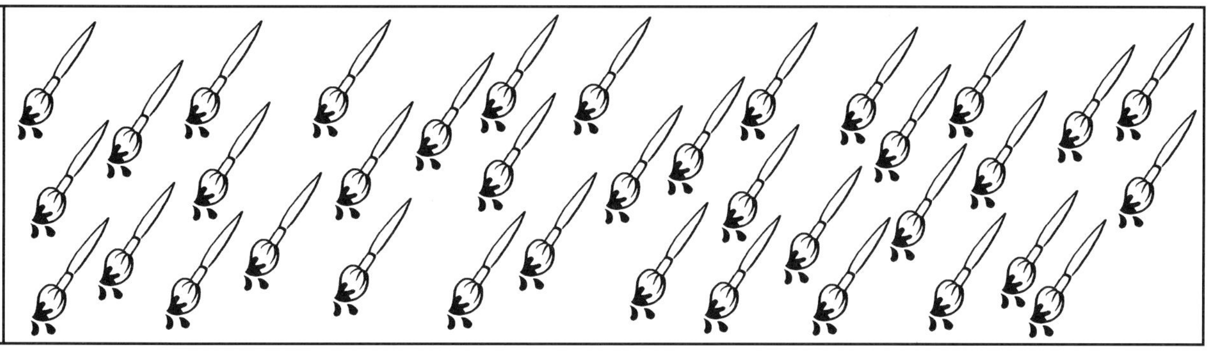

Verbinde mit der 9, wenn 9 Stück da sind.

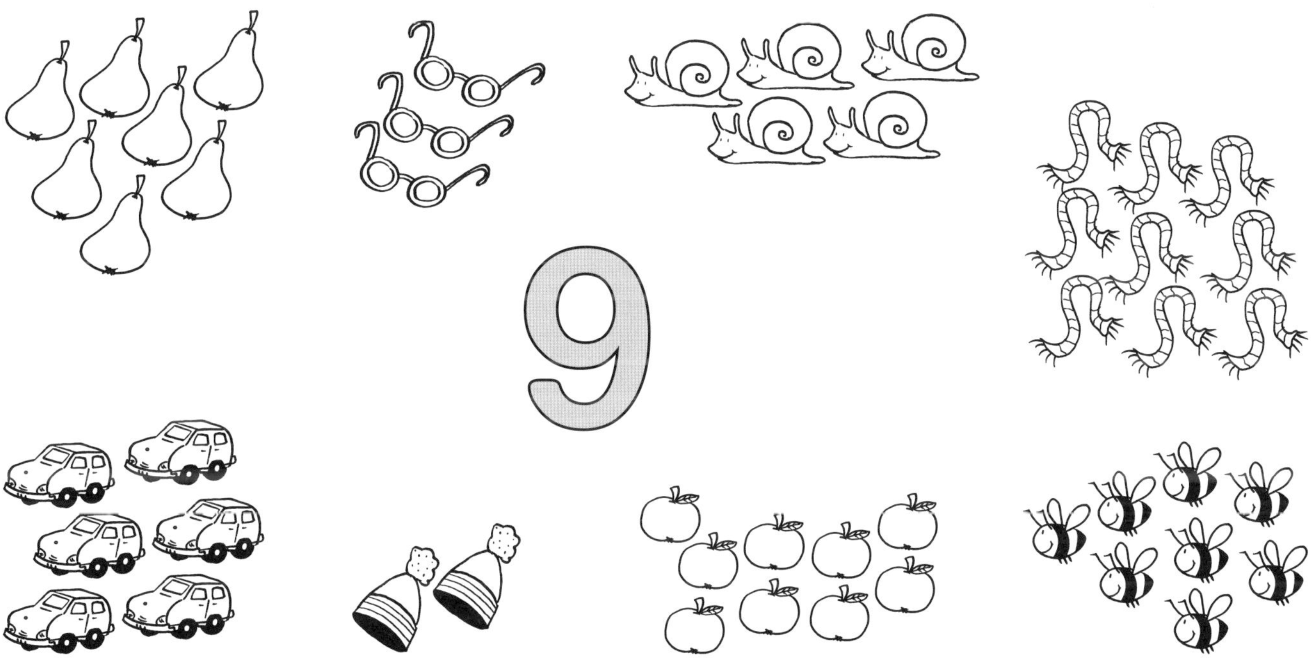

Male die Luftballons mit der 9 an.

Name:

 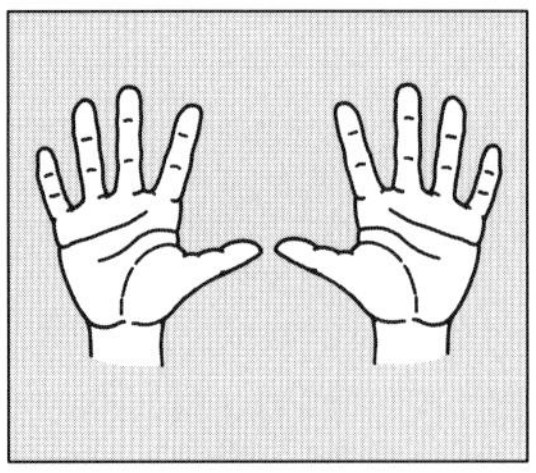  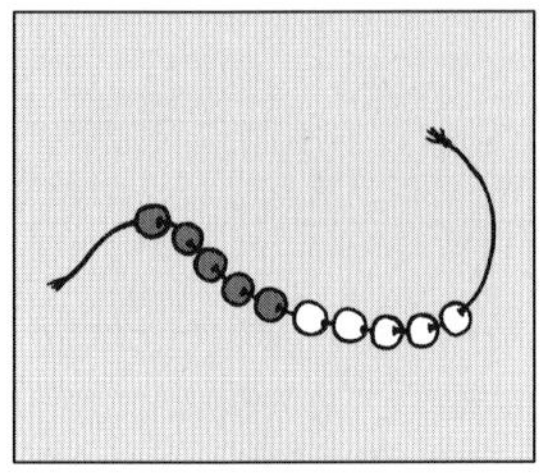

Male das Zahlenmandala an.

Schreibe in jedes Kästchen eine 10.

10	10	10			

Name:

Spure die 10 nach.

10 4 7 17

6 2 10 7

7 10 8 10

Schreibe in jedes Kästchen eine 10.

10	10	10			

Schreibe auf die Linie die Zahl 10.

Name:

Spure die 10 nach.

10 3 10 6

9 5 10 7

10 10 2

8 2 10 7

Name: ______________________________

Finde die 1 und die 0 und spure alle nach.

Finde die 10 und kreise sie ein.

02 01 02 10 02 01 20
01 01 02 00 20 02
01 10 01 10
10 01 02 02 00 01
00 20 10 01 20
01 02 02
01 20
02 01 02 10
10 20 02 01
02 01 10 01 00
01
01 02 01 10
00 10 02 02 10
02 20 01 10 20

Schreibe 0 und 10.

0																	

10								

Name:

Schreibe auf die Linie die Zahl 10.

Kreise immer 10 Blumen ein.

10

Verbinde mit der 10, wenn 10 Stück da sind.

Extra-Materialien für Ihre Schüler mit sonderpädagogischem Förderbedarf!

Jetzt wird Differenzierung leichter: Die Materialien unserer neuen Reihe **„Sonderpädagogische Förderung in der Regelschule"** sind besonders klar, einfach und übersichtlich aufgebaut. So ermöglichen Sie Ihren Schülern mit sonderpädagogischem Förderbedarf, selbstständig zu üben.

Julia Schäfer

Die visuelle Wahrnehmung trainieren

Übungsmaterial für Schüler mit sonderpädagogischem Förderbedarf

Die visuelle Wahrnehmung ist Grundlage für das erfolgreiche Lesen-, Schreiben- und Rechnenlernen. Schüler mit sonderpädagogischem Förderbedarf brauchen sehr viel Zeit und vor allem geeignetes Übungsmaterial, um ihre Wahrnehmung ausreichend zu trainieren. Genau das bieten wir Ihnen hier. Alle Materialien wurden speziell für den Einsatz in individuellen Übungsphasen entwickelt und lassen sich sofort differenzierend einsetzen (z. B. im Rahmen der Wochenplanarbeit). Durch einfache, sich wiederholende Aufgabenformate sowie den Einsatz unterstützender Piktogramme wird selbstständiges Üben auch für Schüler mit sonderpädagogischem Förderbedarf leicht möglich.

Kopiervorlagen, lose eingeschweißt,
64 Seiten, DIN A4
1. Klasse
Best.-Nr. 21026

Katrin Wemmer

Silben und Reime erkennen und zuordnen

Dieses zusätzliche Material zum Thema phonologische Bewusstheit enthält Aufgaben zum Thema Silben (Silben klatschen und Silbenbögen malen/ausschneiden/aufkleben/verbinden) sowie zum Thema Reime (Reimpaare verbinden/ausschneiden/ausmalen).

Kopiervorlagen, lose eingeschweißt,
60 Seiten, DIN A4
1. und 2. Klasse
Best.-Nr. 21028

Katrin Wemmer

Laute erkennen und zuordnen

Dieses Extra-Material liefert Ihnen abwechslungsreiche Aufgaben zum Ausmalen, Verbinden, Einkreisen, Ausschneiden und Kleben rund um das Thema An-, In- und Auslaute.

Kopiervorlagen, lose eingeschweißt,
64 Seiten, DIN A4
1. und 2. Klasse
Best-Nr. 21029

Monika Konkow, Ellen Müller

Pränumerische Grundfertigkeiten trainieren

Hier finden Sie zusätzliches Material zu den grundlegenden Übungsthemen der Pränumerik: Längen-Größen-Mengen-vergleiche, Raum-Lage-Wahrnehmung, Farben und Formen.

Kopiervorlagen, lose eingeschweißt,
50 Seiten, DIN A4
1. Klasse
Best.-Nr. 21027

Monika Konkow, Kirstin Jebautzke

Zahlen bis 10 erkennen, schreiben, zuordnen

Bevor mit Zahlen gerechnet werden kann, müssen Kinder lernen, Ziffern zu erkennen und zu schreiben. Schüler mit sonderpädagogischem Förderbedarf brauchen hierfür mehr Übungszeit und speziell geeignetes Übungsmaterial. Das bieten diese Arbeitsblätter.

Kopiervorlagen, lose eingeschweißt,
60 Seiten, DIN A4
1. und 2. Klasse
Best.-Nr. 21024

P. Schön, A. Pogoda Saam, A. Ottmann

Addition und Subtraktion im Zahlenraum bis 10 trainieren

Üben Sie mit Ihren Schülern die Addition und Subtraktion anhand von Tauschaufgaben, Nachbaraufgaben, Umkehraufgaben, Zahlenmauern, Ergänzungsaufgaben und Rechengeschichten.

Kopiervorlagen, lose eingeschweißt,
64 Seiten, DIN A4
1. und 2. Klasse
Best.-Nr. 21031

P. Schön, A. Pogoda Saam, M. Konkow

Mengen und Zahlen bis 20 erkennen und zuordnen

Größer? Kleiner? Gleich? Hier trainieren Ihre Schüler die sichere Orientierung innerhalb der Zahlenreihen und Mengen bis 10 bzw. bis 20.

Kopiervorlagen, lose eingeschweißt,
47 Seiten, DIN A4
1. und 2. Klasse
Best.-Nr. 21030

Unser Bestellservice:

Das komplette Verlagsprogramm finden Sie in unserem Online-Shop unter **www.persen.de**

Bei Fragen hilft Ihnen unser Kundenservice gerne weiter.

Deutschland: ✆ 040/32 50 83-040 • Schweiz: ✆ 052/366 53 54 • Österreich: ✆ 0 72 30/200 11